Leserabe
1. Lesestufe

Manfred Mai

Ein tierischer Schultag

Mit Bildern von Susanne Wechdorn

Ravensburger Buchverlag

Bibliografische Information Der Deutschen Bibliothek:

Die Deutsche Bibliothek verzeichnet diese Publikation
in der Deutschen Nationalbibliografie.
Detaillierte bibliografische Daten sind im Internet
über **http://dnb.ddb.de** abrufbar.

**Die Schreibweise entspricht den Regeln
der neuen Rechtschreibung.**

4 5 6 7 06 05 04

Ravensburger Leserabe

Umschlagillustration: Susanne Wechdorn
Umschlagkonzeption: Sabine Reddig
Printed in Germany
ISBN 3-473-36032-5

www.ravensburger.de
www.leserabe.de

Inhalt

Anne überrascht Julia

Anne steht vor der Haustür.
Sie hat ihren Schulranzen auf dem Rücken und ihren Dackel Schnuffel an der Leine.

Schnuffel bellt und zerrt an der Leine.
„Wir können noch nicht gehen.
Wir müssen auf Julia warten."

Zum Glück dauert es nicht lange,
bis Annes Freundin Julia
aus dem Haus nebenan kommt.

Julia wundert sich, dass Anne
Schnuffel dabei hat. „Musst du noch
mit ihm Gassi gehen?“, fragt sie.

Anne schüttelt den Kopf.
„Das hat meine Mama schon gemacht."

Jetzt versteht Julia gar nichts mehr.
„Und was machst du dann hier
mit Schnuffel?", fragt sie. „Wir müssen
doch jetzt in die Schule."

„Ich nehme ihn heute mit
in die Schule“, antwortet Anne.
Sie krault Schnuffel hinter den Ohren.

Julia zeigt ihrer Freundin einen Vogel.
„Du kannst doch keinen Hund
mit in die Schule nehmen.“

„Kann ich wohl“, sagt Anne. „Meine Mama ist heute bis zwölf Uhr weg. Und wenn Schnuffel ganz allein im Haus ist, fürchtet er sich.“

„Herr Linder schimpft bestimmt mit dir, wenn du Schnuffel mitbringst“, meint Julia.

Anne schüttelt den Kopf und sagt:
„Herr Linder mag Hunde. Das hat er selbst mal gesagt.“

Julia verdreht die Augen.
„Aber doch nicht im Klassenzimmer!“

„Das werden wir ja sehen“, sagt Anne.
Sie streicht Schnuffel über den Kopf
und flüstert: „Er mag dich bestimmt.“

Julia, Anne und Schnuffel gehen
auf dem Gehweg zur Schule.
Schnuffel bleibt öfter stehen
und hebt das Bein.

„Wenn dein Schnuffel an jede Ecke und jeden Baum pinkelt, kommen wir noch zu spät“, meckert Julia.

Sie kommen nicht zu spät.
Aber die Kinder schauen Schnuffel mit großen Augen an.

Schnuffel ist kein Nilpferd

Auch Herr Linder staunt,
als er Schnuffel entdeckt.
„Was ist denn das?“, fragt er.

„Ein Hund“, ruft der vorlaute Jens.
„Dass es kein Nilpferd ist,
sehe ich selbst“, sagt Herr Linder.

Die Kinder lachen. Ein Mädchen
streckt Jens die Zunge raus.

„Das ist mein Schnuffel“, murmelt Anne.
Dabei krault sie ihn wieder
hinter den Ohren, dass er fiept.

„Will dein Schnuffel etwa lesen und schreiben lernen?“, fragt Herr Linder und sieht dabei kein bisschen böse aus.

Wieder lachen die Kinder.
„Hunde können doch gar nicht lesen und schreiben lernen“, sagt Jana.

„Jedenfalls nicht in dieser Schule.“
Herr Linder möchte wissen, warum Anne ihren Hund mitgebracht hat.

Da erzählt sie, warum sie Schnuffel nicht zu Hause lassen konnte.

„Mein Papa ist bei der Arbeit und meine Mama muss heute Morgen zu einer Sitzung. Dann wäre Schnuffel ganz allein zu Hause. Und wenn er allein ist, fürchtet er sich.“

Das verstehen die Kinder.

Und nun lachen sie auch nicht mehr.

Herr Linder reibt sich lange
am linken Ohrläppchen,
wie immer, wenn er nachdenkt.

„Tiere haben in der Schule eigentlich nichts zu suchen“, sagt er schließlich.

„Aber ich verstehe, dass du deinen Schnuffel nicht allein im Haus lassen wolltest.“
Das hätte Herr Linder lieber nicht sagen sollen.

Eine Schule voller Tiere

Am nächsten Tag wimmelt es
im Klassenzimmer nur so von Tieren.

Jana und Lars haben
Meerschweinchen mitgebracht,
Sofie und Laura ihre Katzen.

Lisa hat ihren Goldhamster dabei,
Markus zwei weiße Mäuse.

Auf dem Tisch von Maria
steht ein Vogelkäfig,
in dem zwei Wellensittiche sitzen.

Sami hält eine Schildkröte in den Händen.
Neben Michael steht ein Schäferhund.

Paul streichelt seinen Pudel
und Timo bindet seinen Mops
mit der Leine am Stuhl fest.

Das passt dem Mops nicht.
Er fängt an zu zerren und zu bellen.
Sofort bellen auch die anderen Hunde.

Die Katzen mögen Hundegebell nicht,
sie miauen und fauchen.

Den anderen Tieren ist das alles zu laut.
Die Wellensittiche flattern
aufgeregt durch den Vogelkäfig.

Die Meerschweinchen fiepen,
die weißen Mäuse pfeifen.

Der Goldhamster versteckt sich
und die Schildkröte zieht den Kopf ein.

„Was ist denn hier los?“,
fragt Herr Linder. „Ist aus der Schule
jetzt ein Zoo geworden?“

„Ja!“, ruft Jens.

„Und Sie sind der Zoodirektor!“

„Und was bist du?“, fragt Herr Linder.

„Der ist ein blöder Affe“, ruft Jasmin.

„Und du bist eine dumme Gans“,

gibt Jens zurück.

„Wenn hier so viele Tiere sind,
muss ich wohl wirklich im Zoo sein“,
sagt Herr Linder.

Steffen knurrt wie ein Löwe.
Büsra trompetet wie ein Elefant.

Sofort sind alle Tiere still und schauen
ängstlich nach dem Elefanten.

Hilfe, eine Maus!

Herr Linder stellt seine Tasche ab und setzt sich auf das Pult.

„So habe ich mir den Unterricht zwar nicht vorgestellt“, sagt er.

„Aber wenn ihr eure Tiere heute schon mitgebracht habt, werden wir uns mal über Haustiere unterhalten."

Während Herr Linder von Tieren erzählt,
entwischt Markus eine Maus.

Sie klettert blitzschnell
an Herrn Linders Hose hoch.

Bevor er etwas merkt,
sitzt die Maus auf seiner Schulter.

Das sehen die Katzen.
Sofort machen sie sich los
und wollen die Maus fangen.

Die Hunde jagen hinter den Katzen her.
Und alle springen an Herrn Linder hoch.

Der steigt schnell auf das Pult und ruft:
„Was ist denn los mit euch?
Was wollt ihr denn von mir?
Weg da! Verschwindet!“

„Meine Maus! Meine Maus!“,
ruft Markus ängstlich.

Da entdeckt Herr Linder die Maus
auf seiner Schulter.
„Hilfe, eine Maus!“, kreischt er
und schüttelt sich.

Die Maus kann sich nicht mehr halten
und fliegt auf das Pult. Herr Linder
springt mit einem Satz hinunter und
bringt sich vor der Maus in Sicherheit.

Bevor eine Katze die ängstliche Maus
schnappen kann, ist Markus bei ihr,
nimmt sie in die Hände
und beschützt sie vor den Katzen.

„Holt eure Hunde und Katzen zurück!“, ruft Herr Linder. „Ihr bringt jetzt alle Tiere nach Hause.

Ich muss mich erst mal von dem Schreck erholen. Heute fällt die Schule aus!“

Die Kinder laufen johlend
aus dem Klassenzimmer.

Manfred Mai wurde 1949 in Winterlingen auf der Schwäbischen Alb geboren. Dort hat er zunächst als Maler und Werkzeugschleifer gearbeitet. Später ist er Lehrer geworden und heute ist er ein sehr erfolgreicher Kinderbuchautor. Er lebt mit seiner Frau und zwei Töchtern dort, wo er geboren ist, und manchmal schreibt er auch so, wie man dort spricht, nämlich schwäbisch.

Susanne Wechdorn wurde in Österreich, in der Nähe von Wien, geboren. Sie studierte Rechtswissenschaften an der Universität Wien und erwarb sich dabei einen Doktortitel. Danach machte sie eine Ausbildung zur Grafikdesignerin und arbeitet seit einigen Jahren als freie Illustratorin und Grafikerin in Wien. Sie hat schon viele Kinder- und Schulbücher illustriert. Für das Buch „Wenn Jakob unterm Kirschbaum sitzt“ erhielt sie zusammen mit der Autorin Sigrid Laube den Kinderbuchpreis der Stadt Wien und den Österreichischen Staatspreis.

Leserätsel

mit dem Leseraben

Super, du hast das ganze Buch geschafft! Hast du die Geschichte ganz genau gelesen? Der Leserabe hat sich ein paar spannende Rätsel für echte Lese-Detektive ausgedacht. Mal sehen, ob du die Fragen beantworten kannst. Wenn nicht, lies einfach noch mal auf den Seiten nach. Wenn du die richtigen Antwortbuchstaben in die Kästchen auf Seite 42 eingesetzt hast, bekommst du das Lösungswort.

Fragen zur Geschichte

1. Warum nimmt Anne ihren Schnuffel mit in die Schule? (Seite 9)
   S: Schnuffel hat Angst, wenn niemand bei ihm ist.
   A: Schnuffel möchte gerne rechnen lernen.

2. Was sagt denn Annes Lehrer dazu? (Seite 16)

D: Herr Linder ist böse und schimpft mit Anne.

C: Herr Linder fragt Anne, ob Schnuffel auch schreiben lernen möchte.

3. Kannst du dich erinnern, welche Tiere die anderen Kinder mit in die Schule bringen? (Seite 21 – 23)

K: Ein Pferd, ein Ferkel, ein Huhn und Goldfische.

H: Meerschweinchen, zwei Katzen, zwei Mäuse, einen Goldhamster, zwei Wellensittiche, eine Schildkröte, einen Schäferhund, einen Pudel und einen Mops.

4. Und warum fällt am Schluss die Schule aus? (Seite 38)

O: Die Kinder gehen alle zusammen in den Zoo.

E: Herr Linder muss sich nach dem Schreck erst einmal erholen.

Lösungswort:

1 S	2 C	3 H	U	L	4 E

Rabenpost

Super, alles richtig gemacht! Jetzt wird es Zeit für die RABENPOST.
Schicke dem LESERABEN einfach eine Karte mit dem richtigen Lösungswort. Oder schreib eine E-Mail. Wir verlosen jeden Monat 10 Buchpakete unter den Einsendern!

An den LESERABEN
RABENPOST
Postfach 20 07
88 190 Ravensburg
Deutschland

leserabe@ravensburger.de
Besuch mich doch auf meiner Webseite:
www.leserabe.de

Leserabe

1. Lesestufe für Leseanfänger ab der 1. Klasse

ISBN 3-473-36038-4

ISBN 3-473-36036-8

ISBN 3-473-36014-7

ISBN 3-473-36037-6

2. Lesestufe für Erstleser ab der 2. Klasse

ISBN 3-473-36043-0

ISBN 3-473-36041-4

ISBN 3-473-36039-2

ISBN 3-473-36021-X

3. Lesestufe für Leseprofis ab der 3. Klasse

ISBN 3-473-36054-6

ISBN 3-473-36051-1

ISBN 3-473-36024-4

ISBN 3-473-36052-X

Gute Idee.

Ravensburger